Made in the USA
Middletown, DE
06 August 2020

14663488R00056